W0315612

Hans-Georg
Haberecht

ÜBER UNS DER HIMMEL

Texte und Bilder
zum Nachdenken,
zur Anregung
und zur Besinnung

Evangelische
Verlagsanstalt
Berlin

ISBN 3-374-01081-4

1. Auflage
© Evangelische Verlagsanstalt GmbH Berlin 1990
Reg.-Nr. 420. H 6112
Gestaltung: Klaus Herrmann
Printed in the German Democratic Republic
Gesamtherstellung: Grafische Werke Zwickau

Vielfältig ist unser Leben.
Jeder Tag hat sein eigenes Gesicht.
Das nehmen wir manchmal gar nicht richtig wahr.

Aber immer wieder gibt es Erlebnisse, Beobachtungen,
Erfahrungen, Begegnungen, Mitteilungen, Gespräche.

Manches bewegt uns lange, manches macht uns betroffen,
manches entdecken wir neu.
Manches läßt uns nicht zur Ruhe kommen.
Es geht uns nach.

In alledem sind wir dem Leben auf der Spur.
Wir können es im voraus nicht ausloten.
Immer gibt es Tiefen, die wir noch nicht kannten,
und Steigungen, mit denen wir nicht rechneten.
Abschätzen läßt sich weder das eine noch das andere;
aber wir können es kennenlernen.

Manches müssen wir mit Schmerzen kennenlernen.
Manches kostet viel Mühe und Kraft,
anderes macht das Herz leicht und froh.

Sogar in der Wüste ist Leben,
was wir erst gar nicht für möglich hielten.

Wo immer wir sind: Über uns ist der Himmel.

Hans-Georg Haberecht

Alle sichtbare Kreatur
ist ein Gleichnis
und eine Fülle
geheimnisvoller Lehren,
und alle Kreatur
ist Gottes Wort.

Martin Luther

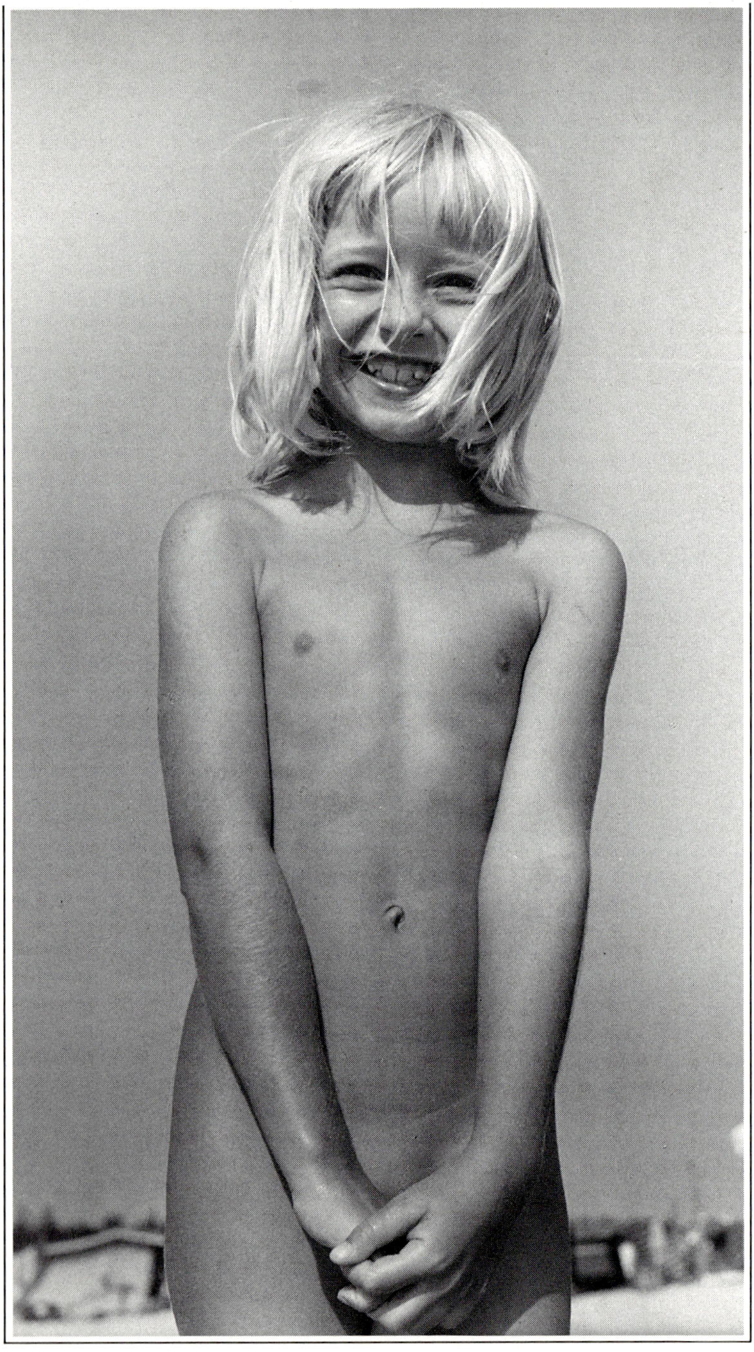

ÜBER UNS DER HIMMEL

Ja, was denn sonst?
Der Himmel blau oder grau,
  hell oder dunkel,
  verhangen mit Wolkentüchern
    und Wolkendecken.
Der Himmel, der abends Sterne sehen läßt,
  die wir nicht beachten,
  weil unser Leben und diese Sterne
  zu weit voneinander entfernt sind.

Über uns der Himmel.
Ja, welcher denn?
Der dunkle, kalte, weite Raum
mit den Entfernungen
in Lichtjahren berechnet.
Der Kosmonautenhimmel,
in dem sich Menschen bewegen auf Bahnen,
die wegführen von der Erde
und zu ihr zurück.
Aber wo ist der Himmel des Kindergebetes?
Wo ist der Himmel unseres Gebetes,
von Jesus gelehrt:
»Vater unser im Himmel«?

Über uns der Himmel.
Über Kindern und Kosmonauten,
über allen Menschen, wo immer sie leben,
wo immer sie lachen, weinen, arbeiten,
beten, leiden, sterben.
Über uns allen ist doppelter Himmel:
Wohl jener Raum, der kalte, dunkle, weite,
aber auch der nahe Himmel,
der nicht meßbarer Raum ist,
sondern Raum schafft in uns
für die Gewißheit:
  Wir sind geborgen in Gott.

DIE AMSEL

Abends im Sommer
sitzt die Amsel auf dem Dach der Kirche
und lobt Gott.
Sie läßt sich nicht stören
in ihrem Loblied
durch Lärm auf der Straße,
nicht durch Düsenflugzeuge,
die schneller als Amseln
und lauter als alle Vogelstimmen sind.
Die Amsel sitzt auf dem Haus,
dem wenig genutzten,
und kehrt immer wieder
dahin zurück.

»Seht die Vögel unter dem Himmel an:
sie säen nicht, sie ernten nicht ...« –
aber sie loben Gott.

Wann endlich lernen wir
das Loben Gottes von den Amseln?
  Wir, die wir säen und ernten,
    planen und arbeiten,
    auch noch abends und nachts.

  Wir, die wir unseren Kalender
    mit immer neuen Terminen füllen.

  Wir, die wir gern sagen möchten,
    bevor wir sterben:
    Wir haben getan, was wir konnten.

Wann endlich lernen wir,
bevor wir sterben,
das Loben Gottes
von den Amseln?

ROTER MOHN

Über Nacht ist der rote Mohn
aufgeblüht im Garten am Haus.
Über Nacht sind die Knospen
aufgebrochen,
am Freitag fünf,
am Sonnabend vier,
am Sonntag sechs.
Fünfzehn Blüten warmes Rot
werden vom Winde bewegt
im hellen Schein der Sonne
vor der weißen Wand des Hauses.

Nach einer Woche verblüht
der rote Mohn.
Aber in den harten Kapseln
reifen die Früchte zur Saat.

Wenn sogar über Nacht
der rote Mohn aufblüht im Garten,
wird nicht auch
in der Nacht unserer Leiden
neues Leben reifen
und aufblühen am Morgen?

WIND

Von fernher wehender Wind
läßt das Meer rauschen
und zeichnet mit feinen Spitzen
biegsamen Grases
Kreise und Muster
in den weichen Sand der Düne.

Von fernher wehender Wind
trägt Möwen im ruhigen Flug
und wendet an Bäumen
untere Seiten der Blätter
nach oben.

Von fernher wehender Wind
erreicht auch das Ufer unseres Lebens
und bringt Botschaft von weit her
für uns.

Von fernher wehender Wind
zeichnet Spuren in unser Leben
und trägt uns,
wie Möwen vom Winde getragen sind.

Von fernher wehender Wind
wendet verborgene Seiten nach oben
und bewegt unser Leben
unaufhörlich.

DER GRAUE HIMMEL

An wie vielen Tagen des Jahres
ist der Himmel grau
von morgens bis abends?
Verdeckt ist die Sonne,
die golden, hell und warm sonst scheint
zu uns herunter.
Wildgänse fliegen unter dem grauen Himmel
kreischend sonniger Gegend zu.
Nur wir müssen bleiben
unter dem grauen Himmel.
Wir tun unsere Arbeit,
wir gehen unsere Wege,
wir fahren unsere Kilometer
unter dem grauen Himmel,
grau,
wie der letzte Anstrich
der Garagentür.

Aber wir wissen,
daß das gedämpfte graue Licht des Tages
von der verborgenen Sonne kommt.
Irgendwann fällt zaghaft
und kurz nur
ein Sonnenstrahl durch das Fenster
auf unseren Tisch,
gleich wieder verschwindend.
Er kündigt an
Tage der Sonne
von einem Himmel ohne Grau.
Darauf warten wir –
manchmal lange.

DIE KÖNIGSKERZE

Hier wächst nichts, sagen die Leute,
die immer hier sind.
Und es ist wahr:
Roggen gedeiht nicht
auf den Sandhügeln,
und Kartoffeln wachsen nicht
ohne fruchtbaren Boden.

Aber wer hierherkommt,
sieht die Königskerze an den Hängen,
kräftig im Wuchs, aufrecht stehend,
sich wiegend im Wind.
Dicht am Stengel sitzen die Blüten,
manche schon verwelkt,
andere gerade aufgeblüht,
fünfblättrig gelb,
viele in Knospen,
ganz dicht beieinander:
Vorbei und Jetzt und Morgen.

Wo Königskerzen wachsen,
da wächst auch anderes:
Thymian, Labkraut, Heckenrosen.

Fällt nicht auch in unser Leben
in kargen Zeiten manches Samenkorn,
aus dem eine Königskerze wächst?
Vielleicht sehen sie andere wachsen,
wo wir nur den kargen Boden beklagen.

Und wenn keine Königskerze:
Anderes wächst auch auf Sand.
Manches blüht nur dort.

ICH SUCHE NICHT, ICH FINDE

Der Herbstwind hat den Waldweg bestreut
mit grünen, gelben, braunen Farben.
Er holt sich mit leichter Hand
noch von den Bäumen herab, was er möchte
für sein Kreiselspiel.

Die lange Wanderung ist voller Gespräch.
Der Wind trägt die Worte weg,
kaum gehört.
Jedes Wort ist eine Fracht
menschlichen Lebens,
herüber- und hinübergereicht.

Ich suche nicht, ich finde,
sagt einer der Wanderer.
Er entdeckt am Waldrand die Pilze:
Maronen, Steinpilze, Birkenpilze,
auch Schirmpilze.
Auf dem Rückweg ist der Beutel
ganz gefüllt.
Mit beiden Händen trägt einer nach Hause,
was er fand, ohne zu suchen.

Am Wegrand unseres Lebens
wachsen Früchte,
von uns nicht gepflanzt.
Sie sind einfach da,
den Pilzen gleich,
unter abgefallenem Laub
manchmal verborgen.
Wir brauchen sie nicht zu suchen
im unzugänglichen Dickicht.
Sie wachsen dicht neben uns.
Oft gehen wir daran vorüber.
Aber manchmal entdecken wir
die kleinen Freuden
und das kleine Glück am Wege.

REGEN AM ABEND

Ständig tropfender Regen
feuchtet das Land,
fällt auf die Dächer und Scheiben
parkender Autos
vor meinem Fenster.
Regen läßt kleine Rinnsale
auf den Wegen fließen.
Darin spiegelt sich das Licht
der Laternen.

Was aber fällt alles auf uns,
wenn wir unsere Jahre leben?
Da sind wir nicht im Trockenen
wie jetzt.
Vieles fällt auf uns,
was uns bis unter die Haut geht,
die kein dickes Fell ist.
Vielleicht aber spiegelt sich Licht
auch dann in den Rinnsalen,
Licht,
das in unserer Nähe brennt.

ÜBER DEN WOLKEN

In 10 000 Meter Höhe fliegt das Flugzeug
dahin über den Wolken.
Wir sind Gott kein Stück näher als unten
auf der Erde.
Auch dem Menschen neben uns
im verstellbaren Sitz
sind wir nicht näher als unten
auf der Erde.

Wir sehen durchs runde Fenster:
fremdes Land unter uns,
spielzeughaft.
Irgendwo – eine weitere Stunde entfernt –
ist unsere Heimat.
Noch ist sie weit weg.

Aus dem Handgepäck nehmen wir
die Herrnhuter Losungen –
nicht anders als unten
auf der Erde:
Da ist uns Gott nahe
in 10 000 Meter Höhe.

Und der Mensch neben uns
ist uns nahe,
wenn sein Wort uns erreicht
durch den Lärm der Motoren –
nicht anders als unten
auf der Erde.

IM GEBIRGE

Auf hohen Bergen –
da, wo die Nächte schon kalt sind
   im späten Sommer
   und heftiger Wind niedrige, trockene Gräser
   immer nur niederdrückt,
da, wo die Haut der Erde aufgerissen ist
   und tiefe Wunden klaffen
   mit ausgerissenen Rändern
   von herabstürzendem Wasser,
   wenn Schnee schmilzt im Frühjahr,
da, wo kein Baum mehr wächst
   und kein Strauch
   und die Krüppelkiefer
   nicht mehr Halt findet,
da, wo nur noch einzelne Raben fliegen,
   da blühen noch Blumen
   in Büscheln und einzeln
   die Hänge hinauf,
   violett und gelb und weiß,
   zwischen Fels und Geröll
   auf harter Grasnarbe.

Wie kommt ihr Blumen hierher?
Ihr macht noch die unwirtliche Höhe
zum Garten.

28

HINTER DEN PAPPELN

Hinter den Pappeln
   geht die Sonne unter.
Hinter den Pappeln
   führt der Weg
   in den Abend hinein.
Hinter den Pappeln
   warten hungrige Vögel
   im kahlen Gebüsch
   auf das Ende
   des Winters.
Hinter den Pappeln
   ist die Erde erstarrt.
Hinter den Pappeln
   wird die Saat wieder grünen,
   ganz gewiß,
   und die Heckenrosen
   werden wieder blühen.
Hinter den Pappeln.

DAS SPINNENGEWEBE

Es sieht aus
wie Plauener Spitze,
an vier Seiten aufgehängt
am Strauch.
Ein kunstvolles Muster,
von Tautropfen benetzt,
bewegt der Wind leicht
hin und her.

Ein kunstvolles Gewebe
ist unser Leben,
auch wenn wir
das Muster
jetzt nicht erkennen.
Später werden wir es sehen –
mit Abstand
wie jetzt
das Spinnennetz.
Dann werden wir Ihn preisen,
der kunstvoll Faden um Faden
knüpfte,
wo wir von Rätseln sprachen
und von zerrissenen Fäden.

ZWIESPRACHE MIT STEINEN AM STRAND

Lange schon
trotzt ihr
dem Ansturm des Wassers,
wenn Welle auf Welle
Tag und Nacht
auf euch fällt.

Wir sind nicht aus Stein.

Wir sind nicht geschützt
durch Härte,
aber umgeben von einer Kraft,
die uns bestehen läßt.

DER FINDLING

Am Feldrand liegt ein Stein aus Granit,
ein Felsblock,
aus fernem Gebirge hierher gebracht
vom mächtigen Eis,
das einst das Land bedeckte.
Den harten Fels haben Wasser und Eis
geschliffen: geglättet, gerundet.

Nicht weit entfernt,
in einem der Dörfer,
steht eine Kirche,
aus Feldstein gemauert,
mit schmalen Fenstern.
In dem Raum,
den die Feldsteinmauern umschließen,
beten Menschen zu Gott:
»Sei mir ein starker Fels«.
Anderer Grund
erwies sich nicht als fest genug.

Rings um die Kirche
reden an Gräbern errichtete Steine
vom Tod.
Am Ende der Reihe geschliffener Steine
aus schwarzem Granit
mit vergoldeten Inschriften
steht ein Findling,
größer und schlichter
ohne vergoldete Schrift.

Der Findling am Wege und jener am Grab
und die feldsteingemauerte Kirche
sagen uns,
daß wir des festen Grundes bedürfen
für unser Leben und für unsern Tod.

URLAUBSMORGEN

Die Geräusche des frühen Morgens
dringen in deinen Schlaf:
Lärm der Spatzen,
kräftiger Schrei der Krähen,
Geklapper der Störche,
die auf rostigem Dach nisten,
Motorengeräusch von der Landstraße,
leise, lauter und wieder leise,
ruhig tropfender Regen –
Urlaubsgrüße an dich.

Grüße die Welt,
die du heute erlebst,
wenn der Kranich auffliegt
vom Waldweg,
wenn Schmetterlinge
über die Wiese taumeln,
wenn du den warmen Sand des Strandes
unter deinen Füßen spürst
und das salzige Wasser der Ostsee
auf deiner Haut,
wenn ihr die Biberburg findet
im schilfigen See:

Grüße die Welt,
die du heute erlebst.
Sie fordert dich nicht nur,
sie macht dich auch froh.

Wenn wir nicht Übung haben,
dann werden unsere Herzen
wie Eisen,
das der Rost frißt,
und wir wissen selbst nicht,
wie uns zu Sinnen ist.

Martin Luther

ÜBUNGEN

Beifall erhielt der Pianist
nach der Klaviersonate D-Dur.
Begeistert waren die Zuschauer
nach dem Theaterabend.
Leicht und gesammelt
bewegten sich die Tänzer vom Ballett.
Daß der Sportler
seinen eigenen Rekord überbot,
löste die Spannung im Stadion.

Sie alle brauchten viele Stunden
der Übung vorher,
tägliche Proben,
die schwierigsten Stellen
immer von neuem wiederholt.
Um Leistung und Erfolges willen
üben Menschen ihr Können viele Stunden.

Nicht darum,
aber um des Lebens willen
ist es nötig,
daß wir uns üben
im Glauben und Gebet,
in der Geduld und im Beharren,
in der Veränderung und im Finden,
im Annehmen und Geben und Loslassen –
täglich,
schwierige Stellen immer wieder.
Dann erst entdecken wir Reichtum
und Tiefe und vielfachen Klang.

AM LEBEN LERNEN

»Nicht für die Schule,
sondern für das Leben lernen wir« –
das sagten einst die Römer ihren Schülern,
die offenbar wenig Einsicht hatten
und geringe Bereitschaft nur,
Formeln, Vokabeln und Wissen
aufzunehmen.
In unserer Schulzeit wurde
das alte Wort auch uns gesagt:
So lernten wir für das Leben.

Aber vieles läßt sich nicht
im voraus erlernen.
Das Leben unterläuft die Formeln.
Leben ereignet sich auch
zwischen den Worten,
die aussagen möchten.
Nun hat jeder am Leben zu lernen,
was für das Leben nicht zu lernen war.

Der Kranke muß lernen,
mit seiner Krankheit zu leben.
Der Rentner muß lernen,
daß es auch ohne ihn geht.
Der Einsame muß lernen,
allein zu leben.
Der Verlierer muß lernen,
mit seinem Verlust zu leben.
Jeder muß lernen,
mit anderen Menschen zu leben
und mit sich selbst.

Manchmal sind wir schwerfällig im Lernen,
manchmal nachdenklich,
wenn wir hinzulernten,
was heute zu lernen war.

GEGENWIND

Geh deinen Weg gegen den Wind.
Wer sich gegen den Widerstand
stemmen muß, wird stärker.

Glaube gegen den Wind.
Wer den Zweifel aushält, erfährt,
daß er sich nicht getäuscht hat.

Hoffe gegen den Wind.
Irgendwann dreht er sich.
Du hast ihn nicht immer von vorn.

Denke gegen den Wind.
Die Antworten weißt du nicht.
Aber du kannst weiter nachdenken.

Lache gegen den Wind.
Diese Windstärke
wirft dich nicht um.

DAS NEBELHORN

Überhört nicht das Nebelhorn,
ihr, die ihr mit Schiffen unterwegs seid.
Nach Tagen guter Sicht
kommen die Tage dichten Nebels.
Ihr habt die Karten,
in denen Fahrrinnen und Wassertiefen
verzeichnet sind.
Trotzdem, achtet auch auf das Nebelhorn,
damit ihr nicht auflauft
im Flachwasser
oder an steiniger Küste strandet.
Ihr kennt den gleichbleibenden Ton,
der vom Nebelhorn kommt.

Überhört nicht das Warnsignal,
ihr, die ihr unterwegs seid im Leben.
Auch hier: Nach Tagen guter Sicht
kommen die Tage dichten Nebels.
Ihr wißt nicht,
wohin ihr euch wenden sollt.
Mancher lief schon im Kreise
und dachte, er käme voran.
Gebt acht auf die warnende Stimme
in der Gefahr,
damit ihr nicht abkommt vom Wege
und irgendwo irrt,
fernab vom Ziel.

AN EINEM ABEND

Nun klingelt das Telefon nicht mehr.
Nun kommt niemand mehr.
Nun lege ich das Buch aus der Hand.
Der Tag hat mich müde gemacht.
Nun muß ich nichts mehr tun.
Nun ist dieser Tag gelebt.
Nun höre ich noch eine Seite
von der Schallplatte
mit dem Violinkonzert von Vivaldi
und lasse meine Seele still werden.
Ich sehe die Blumen auf dem Tisch
und auf dem Schrank
die Fotos der Menschen,
die der Tod mir nahm.
Ich denke an die Begegnungen dieses Tages.
»Christen sind Menschen,
durch die es anderen leichter wird,
an Gott zu glauben.«
Das las ich heute.
Wem ist heute leichter geworden
durch mich, an Gott zu glauben?

Nun gebe ich diesen Tag
in Gottes Hand zurück.
Nun bitte ich um Gottes Frieden
für die Nacht.
Dann schlafe ich ruhig ein.

VON HUGO

DAS GLOCKENGELÄUT

In der Stadt mit 35000 Einwohnern
läutet morgens 7.00 Uhr
eine Glocke vom Turm
der evangelischen Kirche,
auch am Wochentag,
und mittags 12.00 Uhr
und noch einmal 18.00 Uhr abends,
hörbar für alle.

In einer anderen Stadt
erzählt der Pfarrer den Besuchern
der Baustelle in der Kirchenruine,
daß auch am Turm gearbeitet wird.
Hier sollen wieder Glocken läuten,
sicher auch täglich.

Was bedeutet uns das Geläut der Glocken,
auch am Werktag?
Vielleicht nur,
daß der Tag beginnt
und seine Mitte erreicht
und seinen Abend.
Vielleicht nur,
daß unsere Uhr richtig geht.
Oder dies:
Daß Gott es Tag werden läßt
und Mittag und Abend.

Und:
Daß wir nicht nur zur Arbeit geboren sind,
sondern
daß unser Leben nötig hat tägliche Zeiten
der Stille und des Gebets.

GELASSENHEIT

Heute ist nicht morgen.
Also muß das, was morgen sein wird,
dich nicht heute beschweren.

Gestern ist nicht heute.
Also muß das, was gestern war,
dich heute nur noch beschäftigen,
wenn es nicht abgeschlossen ist.
Was vorüber ist,
rühre nicht mehr an.
Es steht nicht mehr in deiner Hand.
Du hast es abgegeben.
Hole es nicht wieder zurück.

Die Nacht ist nicht der Tag.
Also muß das,
was der Tag mit sich brachte,
nicht noch die Nacht verzehren.

Der Tag ist nicht die Nacht.
Also geschehe das Gute und Mögliche
durch deine Tat und dein Wort
heute
unbeschwert von gestern und morgen.

UNGLÜCK

Ein Unglück kommt selten allein,
sagen die Leute.
Jetzt weißt du:
Das stimmt.
Du wirst nicht verschont.
Du möchtest jetzt der Nachbar sein,
der sein Auto wäscht
und ein Lied pfeift
zur Melodie aus dem Kofferradio.
»Der hat es gut«, denkst du.
Aber du weißt doch gar nicht,
ob es ihm wirklich gut geht.
Du jedenfalls hast jetzt dein Unglück
zu tragen und das zweite dazu.
Du weißt nicht, wie lange,
weißt nicht,
ob es noch einmal von dir genommen wird.

Ob es noch einmal leichter wird
für dich?

Warte,
einer wird das Wort sprechen,
das dich aufrichtet,
einer bestimmt.
Einer wird mit dir sein
mitten im Unglück,
dem zweifachen,
einer bestimmt.

IM KRANKENHAUS

Erst nehme ich den Schmerz nicht ernst.
Das wird doch so schlimm nicht sein.
Morgen wird es besser sein.
Aber morgen ist es nicht besser
und übermorgen auch nicht,
und in der Nacht
ist es noch schlimmer als am Tage.

Da muß ich doch zum Arzt.
Ich warte meine Zeit im Wartezimmer,
blättere flüchtig in den Zeitschriften dort.
Dann sagt die Schwester:
»Der Nächste bitte«.
Der Nächste – das bin ich.
Der Arzt untersucht und sagt nur:
»Ich muß Sie ins Krankenhaus überweisen.
Sie müssen mal gründlich untersucht werden.«
Mehr kann er wohl auch nicht sagen.

Da bin ich nun im Vierbettzimmer.
Die Untersuchungen laufen, jeden Tag etwas anderes.
Die Schmerzen bleiben,
gedämpft durch die Medikamente,
aber sie bleiben.

Jetzt kommen Besucher.
Einer bringt sogar eine Spruchkarte mit.
Darauf steht:
  Man kann im Leben nicht immer
  den Wind im Rücken haben.
Ja, das stimmt. Ich habe den Wind jetzt
nicht im Rücken, aber auch noch nicht von vorn;
vielleicht kommt das noch.
Es ist gut, daß ich hier bin.
Da geschieht wenigstens etwas.
Auch das ist gut, daß immer mal Besuch kommt –
ich bin also noch nicht vergessen.
Ich muß jetzt viel nachdenken.
Es ist alles nicht selbstverständlich,
mein Leben und was dazugehört.
Nein, selbstverständlich ist das alles nicht.

RÜCKKEHR DES WINTERS

Nach dem Kalender ist Frühlingsanfang
schon vorbei –
da schneit es noch einmal.
Morgens sind Garten, Straße, Feld weiß –
sicher nicht für lange Zeit.
Aber noch einmal Rückkehr des Winters,
den wir schon vergessen hatten.

So kehrt manches noch einmal zurück
in unser Leben,
was schon endgültig vergangen schien.
Die Krankheit, die heimtückische,
sie schien geheilt,
aber eines Tages ist sie wieder da,
heftiger, schmerzhafter als vor Jahren.
Wir spüren:
Sie wird nicht wieder vergehen
wie der letzte Schnee vor unseren Fenstern.
Diesmal bleibt sie.
Diesmal ist es noch ernster
als damals.

Noch einmal also:
Wir stellen uns neu dem Vergangenen,
das wieder Gegenwart ist.
Vielleicht werden wir diesen Kampf
verlieren,
aber noch geben wir nicht auf.

AUF GOTTES ZEIT WARTEN

Wir warten nicht gern.
Wir möchten unsere Zeit ausnutzen
für die Arbeit – es gibt so viel zu tun – ,
für unser Hobby,
für die Stunde Gemütlichkeit zu Hause,
für den Besuch,
für so vieles.

Aber wir müssen immer wieder warten:
im Wartezimmer des Arztes,
in der Kaufhalle,
auf dem Bahnhof.
Und Gott läßt uns warten,
ja Gott auch.

Wir möchten, daß wir endlich
Antwort bekommen auf unsere Fragen.
Wir möchten, daß unsere Gemeinde wächst.
Wir möchten, daß der Mensch neben uns
auch an Christus glaubt.
Wir möchten ...
Gott läßt uns warten auf seine Zeit.
Wie gut, sonst würden wir meinen,
wir könnten auch das noch machen:
Selber Klarheit schaffen,
selber Kirche bauen,
selber Glauben wirken.

Gott läßt uns warten auf seine Zeit –
und seine Zeit kommt.

17 67
1860 - 1924

DAS ORGELKONZERT

Viele sind gekommen,
vor allem junge Leute mit langen Haaren
und Bärten,
in abgetragenen Jeanshosen.

Alle hören schweigend zu
und nehmen in sich auf die Musik
aus längst vergangener Zeit.
Mancher hat den Kopf
auf die verschränkten Arme gelegt
und taucht ganz ein
in den Wirbel der Töne.
Andere haben die Augen geschlossen.
So können sie besser zuhören.
Viele lassen ihre Blicke schweifen
über die bunten Fenster der alten Kirche
und über Kreuz und Leuchter
und geschnitzte Figuren
am mittelalterlichen Altar.

Was denken die vielen Zuhörer
in dieser Stunde?
Was löst die Musik in ihnen aus?
Weckt sie Fragen nach dem bisherigen Weg
und dem zukünftigen?
Ruft sie Erinnerung wach
an Geborgenheit, die einmal war,
und Sehnsucht nach ihr?

Angerührt, bewegt, ergriffen
sind Menschen von dieser Musik.
Sie verlassen die Kirche schweigend.

Was die Musik in ihnen ausgelöst hat,
bewegt sie weiter,
nicht so stark wie heute abend,
aber auch abebbende Wellen
führen noch mit sich
Teile vom Grund des Meeres
und lagern sie irgendwo ab.

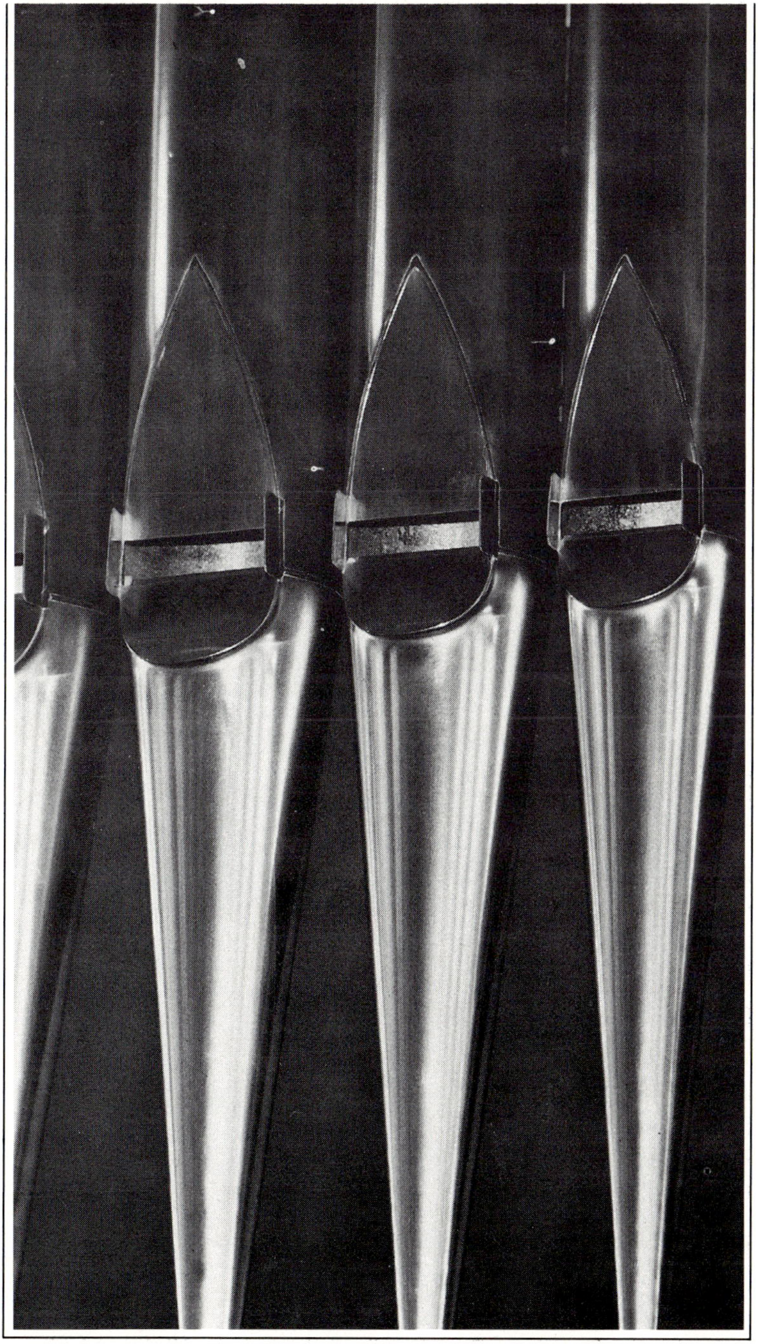

DAS VERGRÖSSERUNGSGLAS

Unter dem Vergrößerungsglas
wird lesbar die winzig kleine Schrift
auf der Briefmarke:
Blasenstrauch – Colutea arborescens L.
Schneeglöckchenbaum – Halesia carolina L.

Unter der Lupe
wird lesbar die genaue Abfahrtszeit
unseres Zuges: 6.10 Uhr
und seine Ankunft am Zielbahnhof: 8.57 Uhr,
auch Zugnummer und Anmerkung B
(bis zum 13. Oktober täglich) –
alles wird scharf und klar
unter der Lupe.

Wir aber sehen oft
des Lebens Geschehnisse
unter dem Vergrößerungsglas
unserer Ängste und Befürchtungen.
So wird nun groß die kleine Schrift:
kleine Sorgen und
kleine Beschwerden.

Sehen wir auch,
was in großer Schrift über allem steht
von Gottes Handeln an uns
– in Urkunden von Taufe und Konfirmation
und auch sonst –,
lesbar mit bloßem Auge,
ohne Vergrößerungsglas?

DER UMZUG

Noch einmal ziehen wir um.
Zum wievielten Male?
Vom Altbau in den Neubau,
vom Land in die Stadt,
von der Stadt aufs Land,
aus der kleinen Wohnung
in die größere,
aus der größeren in die kleine.
Jedesmal stehen wir vor einem Berg
von Arbeit.
Aber es muß sein,
und wir tragen den Berg ab
mit unseren Händen.
Alles müssen wir in die Hand nehmen:
Das Geschirr, die Kleidung, die Wäsche,
die Bücher, die Kartons auf dem Boden,
den Krempel, ...
Es will kein Ende nehmen.
Wir haben zuviel aufgehoben,
sagen wir dann.
Das Türschild mit unserem Namen
schrauben wir zuletzt ab.
Bald wird hier ein anderer Name stehen.

Von den kahlen Räumen der alten Wohnung
nehmen wir Abschied:
Hier waren wir zu Hause,
hier lebten wir mit unseren Kindern.
Hier hatten wir Besuch, feierten Feste.
Hier fühlten wir uns wohl.
Hier waren wir krank, manchmal traurig
und ratlos.
In den frischen Farben der neuen Wohnung
soll unseres Lebens nächste Station sein.

Von Wohnung zu Wohnung, von Abschied zu Abschied,
lernen wir hoffen auf ein Zuhause,
das wir nicht mehr verlassen müssen.

Der lebt am allerbesten,
der nicht
für sich selbst lebt,
und der lebt am allerärgsten,
der für sich selbst lebt.

Martin Luther

DIE GROSSMUTTER

Zwischen den Bäumen auf der Bank
sitzt die Großmutter
mit ihrem Enkel,
und sie sagt ihm,
daß er nicht Angst haben muß
vor dem großen Hund auf dem Wege.

Vor der Bank steht der kleine
hölzerne Wagen mit den roten Rädern.
In diesem Wagen fährt die Großmutter
ihren Enkel wieder nach Hause.

Was wäre das Zuhause,
wären Hund und Wagen
für den Enkel
ohne die Großmutter?

DER ANFÄNGER

An der hinteren Scheibe des Autos
ist ein Blatt befestigt mit einem großen Buchstaben: A.
Das heißt: Ich bin ein Anfänger.
Ich habe die Fahrschule hinter mir.
Den Führerschein habe ich in der Tasche.
Ich kenne die Verkehrsregeln,
aber ich habe noch zu wenig Erfahrung
im Straßenverkehr.
Ich weiß nicht, ob ich alles richtig mache.
Nehmt Rücksicht auf mich, den Anfänger.
Werdet nicht ungeduldig,
wenn ich mich falsch einordne auf der Fahrbahn
und wenn ich langsamer fahre als ihr.
Ich weiß, ihr wollt schnell weiter.

Nicht nur im Straßenverkehr
gibt es Anfänger.
Da fängt einer an im Beruf.
Er braucht die Erfahrenen und Geübten,
die ihm ein paar Tips geben
und ihm helfen,
wenn ihm etwas mißlingt in seiner Arbeit.

Da fängt einer an, mit seiner Krankheit zu leben.
Es fällt ihm schwer.
Alles geht langsamer als vorher.
Alles ist mühsamer.
Er kann nicht mehr zwei Stufen auf einmal nehmen
die Treppe hinauf. Das ist nun vorbei.

Da fängt einer an, sich in einer neuen Umgebung
einzuleben nach dem Umzug. Das braucht Zeit.

Da fängt einer an, sich auf sein Alter vorzubereiten.
Er weiß noch gar nicht, wie er das machen soll.

Da fängt einer an, nach Gott zu fragen.
Bisher hat er überhaupt nicht daran gedacht.

Sind wir nicht alle Anfänger, jeden Tag neu?
Manchmal auch dort, wo wir meinen, wir sind erfahren.
Nehmt Rücksicht auf die Anfänger
und habt Geduld mit ihnen.

DIE ZERBROCHENE SCHEIBE

Ein Windstoß schlägt den geöffneten Fensterflügel
gegen die Wand.
Klirrend zerbricht die Scheibe.
Auch sonst geht manches zu Bruch
im Alltag,
manche Tasse, mancher Teller,
manche Schüssel, mancher Topf.
Wir waren nicht achtsam genug.
Unsere Hände waren ungeschickt.
»Sei doch vorsichtig«, sagt einer zum anderen.
Ja, seien wir's!
Aber vor allem seien wir achtsam
im Umgang miteinander,
daß nicht zerbrechen Freundschaft und Liebe,
Friede und Treue.
Eine Fensterscheibe läßt sich ersetzen,
eine zerbrochene Tasse auch.
Aber wer heilt zerbrochene Liebe?

DENNOCH: LIEBE IST MÖGLICH

Ihre Ehe wurde heute geschieden.
Liebe ist zu Ende, kaum entfaltet.
Es wurde ihr kein Raum gelassen.
Raum wurde verteidigt gegen den anderen,
das war das Ende der Liebe.

Bemühung ist zu Ende,
am Ja zu bauen und zu arbeiten.
Es wurde kein Haus daraus,
keine Stätte zum Wohnen.

Gemeinschaft ist zu Ende.
Jeder kehrt zurück in seine Welt.
Dort bleibt er nun, vorsichtig,
enttäuscht, ernüchtert.
Es schien leicht,
zwei Welten miteinander zu verbinden.
Nun geht durch beide ein Riß,
ein schmerzlicher.

Dennoch:
Liebe ist möglich,
  obwohl sie nicht immer gelingt.
Bemühung ist nötig,
  freilich zuweilen vergeblich.
Gemeinschaft kann wachsen und reifen,
  gerade in Krisen.

Dennoch:
Liebe ist möglich.
Was mißlingt, spricht nicht dagegen.

EINKÄUFE

Auf unserem Zettel steht,
was wir heute brauchen:
Butter, Milch, Käse, Wurst,
Äpfel, Zahnpasta, Waschpulver, ...
Zum Selbstbedienungsgeschäft ist es
nicht weit.
Wir kaufen und zahlen 22,80 Mark.
Im Kühlschrank, im Brotfach, im Bad
lassen wir, was wir nach Hause getragen.

Andere Käufe halten uns länger auf.
Zu wiederholten Malen fragen wir nach,
ob das Gewünschte
am Tag der Warenlieferung eintraf:
Sessel, Teppich, Mantel.
Wir prüfen, ob das gefällt,
was uns angeboten wird,
und ob es paßt
zu schon vorhandener Kleidung
und zur Wohnungseinrichtung
nach unserem Stil.

Käuflich ist vieles, aber nicht alles.
Wo kaufst du ein fröhliches Herz?
Wo Hoffnung, die nicht nur Strohfeuer ist?
Wo Geduld und Kraft für Mühen und Lasten des Alltags?
Wo Geborgenheit und Frieden?

Was uns zuteil wird vom Unbezahlbaren,
mache uns dankbar und willig,
mit dem zu teilen,
der des Gekauften nicht froh wird,
weil ihm fehlt,
was nicht käuflich ist.

DER AMEISENHÜGEL

Aus trockenen Nadeln
von Kiefern und Fichten zusammengebracht,
eine Wohnstatt für viele,
die emsig bauten
und übereinander schichteten,
was sie zusammentrugen
zum Ameisenhügel am Waldweg.
Für alle ist Platz
im gemeinsamen Haus.

Sollte nicht auch,
was Menschen zusammentragen,
immer ein Bauen sein
am gemeinsamen Haus
von Eintracht und Frieden,
von Gerechtigkeit und Geborgenheit
für alle?

DER BESUCH

Am Nachmittag, 16.00 Uhr,
kamen die Bekannten zu Besuch,
vorher angekündigt mit einer Postkarte:
»Wir sind auf der Durchreise,
wir kommen vorbei.«
Es war nicht Sonntag,
aber eine Stunde Zeit fand sich
auch am Arbeitstag
für eine Tasse Kaffee und für ein Gespräch.
Lebensprobleme kamen nicht zur Sprache,
aber gefragt wurde nach dem Ergehen,
nach den Kindern, nach der Arbeit,
nach dem Urlaub.
Erzählt wurde von Reisen, von Freunden,
vom Winter und Sommer.

Nach einer Stunde gingen sie wieder,
durch den Kaffee gestärkt,
aber auch bestärkt darin,
daß die Verbindung noch da ist
und der Kontakt blieb über ein Jahr hinweg,
obwohl nur zu Weihnachten
ein kurzer Gruß hin und her ging.
Zurück bleiben die Blumen.
Sie stehen auf dem Schrank
und erinnern an den Besuch der Bekannten.

Kann das nicht öfter sein,
mit oder ohne Blumen,
auf der Durchreise da anzuhalten,
wo Bekannte sind oder auch Freunde?
Leben ist ein Netz von Kontakten,
in dem alles untergebracht ist,
was Menschen verbindet.

vorsorgen

KASKO

»Kasko – bevor es zu spät ist« –
so steht es in großer Schrift
an der Brücke über der Fernverkehrsstraße.
Jeder, der hier entlangfährt, liest es,
beruhigt, weil kaskoversichert,
oder mit dem Gedanken:
»Eigentlich müßte ich ...«

Mancher denkt nach
während der nächsten fünf Kilometer,
nicht über Kasko,
aber über »bevor es zu spät ist«
in seinem Leben:
Noch einmal beginnen,
   bevor es zu spät ist.
Noch einmal miteinander reden,
   bevor es zu spät ist.
Die alte Mutter besuchen,
   bevor es zu spät ist.
Die Operation nicht aufschieben,
   bevor es zu spät ist.
Das Bewerbungsschreiben absenden,
   bevor es zu spät ist.

Eines Tages ist es zu spät,
für anderes auch.
Eines Tages ist endgültig,
was jetzt noch offen ist.
Eines Tages ist das alles
nicht mehr möglich.

BILDER

Manchmal sehen wir sie uns
wieder genauer an,
die Bilder in unserer Wohnung:
Caspar David Friedrich, Vermeer van Delft,
Vincent van Gogh, Manet, Feininger.
Eins wurde uns zur Hochzeit geschenkt,
eins kauften wir beim Einzug
in die neue Wohnung.
Ein anderes fand seinen Platz bei uns
nach dem Tod der Eltern,
als ihr Haushalt aufgelöst wurde.
So erzählen die Bilder in unserer Wohnung
auch unsere Biographie
und bringen in Erinnerung
besondere Tage und Stationen unseres Weges:
Beginnen und Abschied.

Bilder umgeben uns nicht nur in unserer Wohnung.
Tief in unserer Seele tragen wir Bilder
von Menschen, die uns prägten:
Das Bild des Vaters, das der Mutter,
das Bild des Lehrers,
bei dem wir schreiben lernten.
Das Bild des Pfarrers,
der uns konfirmierte.
Unsere Bilderwelt lebt in uns.

Da treten andere Menschen in unser Leben.
Sie wollen die alten Bilder nicht verdrängen.
Aber sie sind anders, diese Menschen,
als die, deren Bilder wir in uns tragen.
In unserer Seele sei Platz auch für sie.
Weit sei unsere Seele
für neue Begegnung mit Menschen
und neue Erfahrung mit ihnen.

ALTE POST

Auf dem Boden unseres Hauses
heben wir auf,
was wir jetzt nicht mehr brauchen.
Aber trennen wollen wir uns davon noch nicht.
Da stehen auch Kartons mit alten Briefen
und Karten,
also Grüße, Dank, Mitteilungen, Anfragen,
Gratulationen aus vergangenen Jahren,
sorgsam bewahrt und geordnet vom Empfänger,
der sich nicht entschließen konnte,
wegzuwerfen jene Zeichen des Lebens,
die ihn erreichten.

In den Kartons ist mit Gummis zusammengehalten,
was zusammengehört:
Post der Kinder 1976–1978,
Verwandtenbriefe,
Weihnachten 1976, Geburtstagspost 1978.
Die Briefumschläge fehlen,
aber auf den Postkarten steht als Empfänger
der Name, der nun eingemeißelt ist
in den Grabstein.
Die alte Post macht vergangenes Leben
noch einmal lebendig.

Neulich erzählte ein Besucher,
daß er nach fünfzigjähriger Ehe
jetzt mit seiner Frau noch einmal lese
alle die Briefe, die beide sich schrieben
von Reisen und anderen Trennungszeiten.
Weil diese Briefe aufbewahrt wurden,
wird nun noch einmal vergangenes Leben
gemeinsam erlebt.
Das Alter wird reich im gemeinsamen Dank
und in gemeinsamer Erinnerung.

VERSTEINERUNGEN

Du hast in Händen
versteinertes Leben,
aufgesammelt am Strand:
Muscheln in Stein
und Belemniten,
einst Tintenfische.
Den versteinerten Seeigel
fandest du nicht,
aber Abdrücke von Pflanzen
im Feuerstein,
Zeugen des Lebens im Meer
vor 80 Millionen Jahren.

Entsetzt aber siehst du
versteinerte Züge
im Angesicht
heute lebender Menschen.
Du fragst dich ratlos,
ob diese Härte und Starre
sich noch einmal löst.
Die Versteinerungen in deiner Hand
verwandeln sich nicht mehr in Leben.
Aber das versteinerte Angesicht
ist noch nicht tot.

Ich habe den Glauben
kaum angefangen,
ja bis ans Grab
habe ich daran zu lernen.

Martin Luther

NOCH EINMAL GESCHENKT

»Mir ist das Leben noch einmal geschenkt«,
sagte der Patient dem Besucher im Krankenhaus –
und wirklich,
in der Nacht nach dem Infarkt
hatte das Herz schon aufgehört zu schlagen.

»Mir ist das Leben noch einmal geschenkt«,
sagte der Autofahrer nach dem Unfall –
und wirklich,
der Wagen war völlig zerstört
nach dem Zusammenprall mit dem LKW.
Aber die Motorhaube wurde beim Aufprall
zum Schutzschild aufgeklappt.
Die im Unfallwagen saßen,
blieben unverletzt.

»Mir ist das Leben noch einmal geschenkt«,
das kann auch sagen,
  wer am Abend ohne Unfall
    seinen Wagen in der Garage abstellt –
  wer vom Arzt erfährt, daß die Untersuchungen
    ohne Befund sind –
  wer von einer Krankheit genas –
  wer mit seiner Krankheit leben kann –
  wer eine Krise seines Lebens überwunden hat –
  wer morgens gesund aufsteht vom Schlaf:

Wem das Leben noch einmal geschenkt ist,
soll wissen:
Gott braucht mich noch.

MIT DER KRANKHEIT LEBEN

Das gerade wollen wir nicht.
Wir möchten, daß die Krankheit
schnell wieder vergeht.
Wir wollen sie bald wieder lossein.
Sie behindert uns.
Aber die Krankheit bleibt länger,
als wir dachten.
Es ist nicht nur eine Grippe.
Unser innerer Protest dagegen hilft nichts.
Wir müssen mit der Krankheit leben,
vielleicht sehr lange,
vielleicht bis zu unserem Tode.
Wir wissen nicht, wie uns das gelingen wird.
Aber wir wollen es lernen.
Wir nehmen die Krankheit an.
Sie gehört zu unserem Leben.
Sie wird uns üben in der Geduld.
Sie wird uns lehren, aufmerksam zu sein
für Gottes Anrede an uns.
Sie wird uns stärken im Gebet.
Sie wird unseren Glauben nicht zerstören,
sondern vertiefen.
So wird Gott uns segnen.
Er bleibt unser Gott
auch in der Krankheit.
Und: Wir werden andere Menschen
in ihrer Krankheit nun besser verstehen.
Das wird ihnen wohltun.

ALTE WASSERPUMPE

An der Dorfstraße
steht noch
die alte eiserne Wasserpumpe
mit dem Handschwengel,
oft auf und ab bewegt von denen,
die früher hier wohnten.
Jetzt gibt es zentrale Wasserversorgung
im Dorf,
unbenutzt bleiben die alten Handpumpen,
nur noch auf Friedhöfen sind sie in Gebrauch.
Grundwasser läuft in unseren Leitungen
oder vom See herangeführtes,
gereinigt, genießbar, lebensnotwendig.

Nicht weniger lebensnotwendig
ist jenes Grundwasser,
das unsere Seele nährt.
Wo nehmen wir es her?
Noch immer aus unserer Bibel,
der unerschöpflichen Quelle,
viel älter als die Handpumpen
in den Dörfern,
aber nicht veraltet,
vielfach benutzt,
unentbehrlich.

GRUSS DES HERBSTES

Während der Fahrt fällt ein Blatt
auf die Frontscheibe des Autos,
ein Blatt nur, ein erstes,
das der Wind wegriß vom Baum,
der tausend Blätter noch festhält
gegen den Wind.
Am Scheibenwischer des Autos
verklemmt sich das fallende Blatt,
so noch einmal Halt findend
gegen den heftig zerrenden Wind,
flatterndes Blatt an der Scheibe,
das schließlich – vom letzten Halt gelöst –
langsam aufwärts gedrängt wird am Glas,
bis der Sog es wegzieht
über das Dach des Autos
in den rückwärtigen Wirbelstrom hinein.

Fallendes Blatt, du sagst, wer wir sind:
» . . . ein Blum und fallend Laub:
    der Wind nur drüber wehet,
    so ist es nimmer da:
    also der Mensch vergehet,
    sein End, das ist ihm nah.«

Irgendwann reißt der Wind uns weg
aus unseren Tagen, aus unserem Zuhause,
aus dem Leben mit anderen Menschen,
aus dem Vertrauten, aus dem Fremden,
auch aus dem Leiden,
der Wind reißt uns weg irgendwann.

Sei ohne Angst vor dem rückwärtigen Wirbelstrom.
Das Lied, das vom fallenden Laub redet,
hat eine vierte Strophe und eine fünfte:
»Die Gottesgnad alleine
steht fest und bleibt in Ewigkeit . . .«

ABEND EINES HEISSEN TAGES

Die Glut hat den Tag verbrannt,
nun wohnt sie unter den Dächern,
in den Räumen,
in den Fluren der Häuser,
stehende Luft,
Backofenwärme.

Mancher Tag unseres Lebens
ist verbrannt
unter der Glut unserer Leiden.
Nun wohnt die Glut in unseren Herzen,
und wir erwarten den neuen Tag
mit Hoffnung.

ENDE EINER KINDHEIT

Auf dem Boden des fremden Hauses
sind abgestellt Stühle, Tische, Schränke
und was übrigblieb vom aufgelösten Haushalt.
Auf einem Stuhl neben dem Kellerregal
sitzt der Teddy.
Die Tochter nahm ihn nicht mit
in ihre Neubauwohnung.
Wenn sie einmal eigene Kinder hat,
wird sie ihn holen, denke ich.
Aber jetzt erzählt der Teddy
vom Ende einer Kindheit.
Jede Nacht hat er neben der kleinen Tochter
im Bett gelegen,
Kind und Teddy zugedeckt
mit derselben Decke.
Oft wurde er angezogen
mit Jacke und Hose und Mütze
und Handschuhen im Winter,
mit dem bunten Kleid im Sommer.
Im Arm wiegte die Tochter ihn,
im Puppenwagen fuhr sie ihn,
und sie redete mit ihm,
dem Gefährten ihrer Kindheit.

Nun sind die Jahre dahin,
die Jahre der Kindheit mit Vater und Mutter,
mit Bruder und Schwester,
mit Freundin und Teddy.

Nun sind die Kinder aus dem Haus,
nicht mehr geborgen bei uns,
aber geborgen bei Gott,
zu dem wir beteten mit ihnen
an ihren Kinderbetten
Abend für Abend.

DAS GEPÄCK

Über jedem Sitzplatz im Eisenbahnwagen
sind die stabilen Gepäckhalter,
fest verschraubt und schräg montiert,
für unser Gepäck.
Mit Handgepäck sind wir unterwegs
auf der Reise, soviel eben,
wie wir tragen können.

Viel mehr Gepäck tragen wir durch unser Leben.
»Das haben wir angeschafft,
als wir die neue Wohnung bekamen«,
sagen wir unserem Besucher zu Hause.
»Und das ist ererbt von den Eltern.«
Sperriges Gut,
das wir mitnehmen im Möbelwagen,
wenn wir umziehen.
Es kommt vieles zusammen,
von dem wir uns nur zögernd trennen.
Es hat uns begleitet durch viele Jahre,
bis wir uns davon trennen müssen, irgendwann.
Dann schmerzt uns das Herz,
denn jedes ist ein Stück von uns.

Und unser inneres Gepäck?
Viel tragen wir mit uns
im Kopf und im Herzen,
was wir wissen und was unbeantwortet blieb,
was wir erfuhren an Freude und Schmerz,
was uns geschenkt war und was wir verloren,
was wir gedacht und gewollt,
was wir geschafft und gesollt,
was wir erträumt und versäumt.
Wir tragen viel inneres Gepäck
mit uns durchs Leben.
Wir lassen auch das zurück irgendwann,
nur noch gehalten von Gott,
der uns trägt.

10x40
10x60
10x30
8
170
5x35

PLATZ NUMMER 22

Die Platzkartenwagen im D-Zug sind fast leer.
Das also ist mein Platz, Nummer 22,
für drei Stunden Bahnfahrt.
Oft schon hatten wir unseren Platz
im Eisenbahnabteil, im Kino, im Theater
für ein paar Stunden.
Andere Plätze haben wir viel länger,
über Jahre, manchen ein Leben lang,
unseren Platz in der Familie,
unseren Arbeitsplatz,
unseren Platz am Wohnort
und in dem Land, in dem wir leben.
Das sind nicht immer ausgesuchte Plätze.

Manchmal denken wir:
Warum muß ich gerade auf diesem Platz sein?
Sollte ich nicht den Platz wechseln?
Gründe dafür und dagegen liegen auf der Hand.

Ich aber will darauf vertrauen:
Hierher hat mich Gott gestellt,
auch wenn ich manchmal nicht begreife, warum.
Hier will Gott mich segnen
und andere Menschen durch mich.
Das hilft mir, meinen Platz anzunehmen,
ihn auszufüllen, so gut ich kann.
Ich muß mich nicht immer mit anderen Menschen
vergleichen, nicht ständig Ausschau halten
nach anderen Plätzen.
Jeder hat seinen Platz
und wird dort gebraucht.
So will ich bleiben an meinem Platz.
Mein Bleiben macht anderen Mut,
auch zu bleiben.
Manchmal ist es mutiger zu bleiben
als den Platz zu wechseln,
wirklich.

STRASSENLÄRM

Die alte Frau sitzt am Fenster ihres Stübchens.
Sie legt die Zeitung aus der Hand.
Jeden Tag liest sie darin,
die letzte Seite mit den Anzeigen zuerst.
Nun sieht sie auf die Straße, holt den Bleistift
und beginnt die Autos zu zählen,
die unter ihrem Fenster vorüberfahren.
Auf dem Zeitungsrand macht sie einen Strich
für jedes Auto, das nach der einen und nach
der anderen Seite in der Kurve, an der sie wohnt,
auftaucht und wieder verschwindet.
Nach einer halben Stunde hört sie auf zu zählen,
und nun rechnet sie zusammen:
124 Striche,
124 mal Lärm durchs Fenster hindurch.
Sie schüttelt den Kopf.
Sie lebt auf dem Dorf und denkt an die Zeit,
als unter ihrem Fenster noch
von Pferden gezogene Erntewagen fuhren.

Die alte Frau lebt mit dem Lärm von der Straße
und mit dem Lärm aus der Luft,
wenn Düsenflugzeuge die Schallmauer durchbrechen,
und am Sonnabend mit dem Lärm von der Disko nebenan.
Aber sie gewöhnt sich nicht daran.
Sie liegt oft lange wach in der Nacht
und wartet, ob nicht endlich die Stille kommt,
die Leib und Seele zur Ruhe kommen läßt.
Irgendwann schläft sie ein.
Manchmal träumt sie von hoch beladenen Erntewagen,
von Pferden gezogen, und sieht sich
als kleines Mädchen
oben auf der schwankenden Fuhre sitzen.

Heute träumte sie, daß der Erntewagen mit ihr
zu Hause ankam.
Da wurde ihr Herz froh im Traum,
und ein Lächeln legte sich auf ihr faltiges Gesicht.

NICHT AM PUNKT NULL

Wir fangen nicht am Punkt Null an
im Glauben.
Vor uns haben Menschen geglaubt
und erfahren,
daß Gott erleuchtet, stärkt, tröstet,
lange vor uns.
Nach uns werden Menschen glauben,
ganz gewiß.
Wir sind nicht die Ersten
und nicht die Letzten.
Christus ist der erste und der letzte,
der Anfang und das Ende.
Daß sein Wort uns erreicht hat,
  macht uns froh.
Daß er nicht vorübergegangen ist an uns,
  macht uns demütig.
Daß er uns bei unserem Namen ruft,
  macht uns hellhörig.
Daß er uns Zukunft gibt,
  macht uns zu Hoffenden.
Daß er uns sendet,
  bringt uns in Bewegung.

Wir fangen nicht am Punkt Null an
und enden auch nicht dort.

DIE HOCHZEIT

Lange schon steht der Termin fest.
Die Liste der Gäste wurde gemeinsam beraten.
Wir laden ein zum Fest der Familie.

Lange schon ist bedacht,
was wir brauchen:
Kuchen, Blumen und Wein,
Kerzen, Tischkarten und Servietten,
salziges und süßes Gebäck.
Wir laden ein zum Fest der Familie.

»Ich freue mich auf das Wiedersehen
mit Euch allen«, schreibt einer,
der eingeladen ist.
Das Fest bringt mit sich
die Freude im Herzen,
noch bevor es beginnt.

Dann kommen die Gäste.
Das Fest wird gefeiert.
Ein schöner Tag für alle.

Beim Fest der Familie
wird auch gemeinsam
das Fest der Gemeinde Jesu gefeiert:
»Christi Leib, für dich gegeben«,
»Christi Blut für dich vergossen«.
Da wird Freude zuteil,
da wird Gemeinschaft geschenkt,
da wird Hoffnung auf Zukunft geweckt,
da empfangen wir alle mehr,
als wir uns gegenseitig geben können.

Eingeladen sind wir zum Fest der Familie Gottes –
immer wieder,
nicht nur bei der Hochzeit.

116

DIE GEBURTSANZEIGE

Heute war unter der Post ein Brief
mit einer Geburtsanzeige:
  Lisa-Katrin ist da!
  Wir freuen uns sehr!
So schreiben die jungen Eltern.

Ihre Freude malen sie auf ein gelbes Blatt
in Blumen, Blättern, rankenden Zweigen.
Ein Vogel mit langem Schwanz
und lustigen Kopffedern
sitzt über Lisa-Katrins Geburtsdatum.

Vorn auf dem Blatt steht der Satz:

  Jedes Kind ist ein Geschenk,
  ein Versprechen und eine Hoffnung.

Nicht jedes Kind
wird so willkommen geheißen.
Nicht bei jedem Kind
wird solch eine Anzeige verschickt
mit Blumen, Blättern, Ranken und Vögeln
und dem Ausrufezeichen hinter dem Satz:
  Wir freuen uns sehr.

Für alle aber,
die geboren werden in dieser Welt,
ist Christus geboren,
  Gottes Geschenk, Versprechen
    und Hoffnung.

Weihnachten:
Gottes Geburtsanzeige an unsere Adresse.

DIE FEHLENDE FIGUR

Die mittelalterliche Kirche
hat einen schönen Barockaltar.
Um die Kanzel herum, über dem Altar,
stehen geschnitzte Figuren:
Matthäus, Markus, Lukas, Johannes.
Das Mittelfeld ist leer,
braune Farbe nur als Untergrund,
sonst nichts.
Erst nach dem Gottesdienst
entdecken wir die Schrift
über dem leeren Feld:
Resurrexit – Er ist auferstanden!
Irgendwann ging verloren
die Figur des auferstandenen Christus
dort seit der Barockzeit.

Auf der Kanzel steht
der Prediger des Evangeliums heute
über dem leeren Feld.
Seine Worte werden zur Botschaft
des auferstandenen Christus
an uns.
Das Mittelfeld an der Barockkanzel
mag leer bleiben,
wenn nur der auferstandene Christus
unsichtbar gegenwärtig ist,
wo Gemeinde sich versammelt
in seinem Namen.
Hoffnung weckt er in uns
und Glauben durch sein
lebenschaffendes Wort,
das nicht leer zurückkommt zu ihm.

DDER THO VNTIDT STRAFFE
A Ω
ANO 15 98 SEIN DOMAHLN
GEWESEN BVRGERMEISTER
JOCHIM RVMPESHAGEN
ANDREAS SCHEVKERKE
JACOB KRVTHOF
HENRICH TETZEN
H. IOHANNES STERNEBERCH
CONCIONATOR

BAUSTELLE KIRCHE

Wir sind Bausteine
auf der Baustelle Kirche.
Durch Jahrhunderte wird hier gebaut.
An einer Stelle sind wir eingefügt,
getragen von anderen,
andere tragend:
gemeinsamer Halt
im fest gegründeten Bauwerk.
Obwohl noch unfertig,
keine Einsturzgefahr
trotz wiederholter Prognosen:
»Das hält doch nicht«.
Aber auch keine Investruine.
Gegen den Augenschein oft:
Der Bau wächst
trotz manchen Abbruchs.

UNTERWEGS

Wohin du auch kommst,
  es ist keine Bleibe.

Wohin du auch gehst,
  noch immer ist Weg.

Wohin du auch siehst,
  es ist nur ein Bild.

Doch deine Bleibe
  ist schon bereitet.

Dein Weg führt
  zum offenen Tor.

Hinter den Bildern,
  die dir verblassen,
  ist,
  was deine Augen
  noch nicht gesehn.

INHALT

Über uns der Himmel 9
Die Amsel 10
Roter Mohn 12
Wind 14
Der graue Himmel 17
Die Königskerze 18
Ich suche nicht, ich finde 20
Regen am Abend 23
Über den Wolken 25
Im Gebirge 26
Hinter den Pappeln 29
Das Spinnengewebe 31
Zwiesprache mit Steinen am Strand 33
Der Findling 34
Urlaubsmorgen 37

Übungen 40
Am Leben lernen 42
Gegenwind 45
Das Nebelhorn 47
An einem Abend 48
Das Glockengeläut 51
Gelassenheit 53
Unglück 54
Im Krankenhaus 57
Rückkehr des Winters 59
Auf Gottes Zeit warten 60
Das Orgelkonzert 62
Das Vergrößerungsglas 65
Der Umzug 67

Die Großmutter 70
Der Anfänger 72
Die zerbrochene Scheibe 74
Dennoch: Liebe ist möglich 77
Einkäufe 79
Der Ameisenhügel 81
Der Besuch 82
Kasko 85
Bilder 87
Alte Post 89

Versteinerungen 90

Noch einmal geschenkt 95
Mit der Krankheit leben 97
Alte Wasserpumpe 98
Gruß des Herbstes 101
Abend eines heißen Tages 103
Ende einer Kindheit 105
Das Gepäck 106
Platz Nummer 22 109
Straßenlärm 111
Nicht am Punkt Null 112
Die Hochzeit 115
Die Geburtsanzeige 117
Die fehlende Figur 118
Baustelle Kirche 121
Unterwegs 123

BILDNACHWEIS

Brigitte Böttcher, Magdeburg S. 8, 11, 58, 83
Walter Danz, Halle S. 19, 36, 52
Lutz Grünke, Binz S. 35
Roland Handrick, Potsdam S. 50
Ernst Kunze, Halle S. 27
Rita May, Berlin S. 75, 104
Johannes Möbius, Jena S. 30
Theodor Müller, Anklam S. 32, 44, 94, 116
Michael Nitschke, Leipzig S. 43, 71, 76, 108
Fritz Porath, Dresden S. 99
Dietmar Riemann, Berlin S. 110
Sigrid Rodemann, Halle S. 113
Ulrike Rosenmüller, Neubrandenburg Umschlagfoto, S. 15, 16, 22, 28, 46, 49, 55, 61, 63, 73, 80, 88, 91, 100, 107, 114, 119, 120
Ingeborg Schneider, Halle S. 64
Hein Wenzel, Berlin S. 21
Gottfried Wonneberger, Berlin S. 96
Renate Zeun, Berlin S. 56, 66, 78, 84, 102
Rolf Zöllner, Berlin S. 13, 24, 41, 86, 122